¡Cuántas ranas!

por Michele Spirn
ilustrado por Ye Wan

Scott Foresman
is an imprint of

Glenview, Illinois • Boston, Massachusetts • Chandler, Arizona
Upper Saddle River, New Jersey

Every effort has been made to secure permission and provide appropriate credit for photographic material. The publisher deeply regrets any omission and pledges to correct errors called to its attention in subsequent editions.

Unless otherwise acknowledged, all photographs are the property of Pearson.

Photo locations denoted as follows: Top (T), Center (C), Bottom (B), Left (L), Right (R), Background (Bkgd)

Illustrations by Ye Wan

Photograph by **12** Frank Greenaway/©DK Images.

ISBN 13: 978-0-328-53438-8
ISBN 10: 0-328-53438-2

2 3 4 5 6 7 8 9 10 V0N4 13 12 11 10

Hugo le echó un vistazo a su habitación. Era muy chula y acogedora. Tenía muñecos, libros y juegos. Pero le hacía falta algo. Había demasiado silencio. ¡Necesitaba un poco de compañía!

—Quiero una mascota —le dijo Hugo a su mamá—. Es lo único que le falta a mi habitación.

—Puedes ahorrar dinero y comprarte una mascota —dijo su mamá—. O podemos ir mañana a la laguna a ver si encontramos un animalito.

Hugo se acostó pensando en su mascota. Esa noche soñó que iba por un hermoso desierto. Llegaba a unos cañones rojizos. El viento hacía mecerse a los árboles. Vio una serpiente coral y vio una lagartija que corría por la arena como una flecha. Al despertarse, Hugo pensó en los animales de su sueño. "¡Sería chévere tener una serpiente o una lagartija!", pensó.

Esa mañana, Hugo y su mamá fueron de picnic a la laguna de su ciudad. De pronto, Hugo vio algo que saltaba en un charquito. ¡Era una rana! Hugo la siguió hasta que la atrapó hábilmente.

—Mamá, ¡ya encontré mi mascota! —exclamó Hugo—. Se llamará Charito.

Era tan divertido tener a Charito de mascota que Hugo le pidió a su mamá que regresaran a la laguna. Quería buscar más ranas mascotas.

Ese día Hugo llevó a casa a Charito 2 y Charito 3. Al otro día llevó a casa a Charito 4, Charito 5, Charito 6, Charito 7 y Charito 8.

Una mañana, Charito 6 le saltó encima a Mamá cuando entraba a la habitación de Hugo.

—¡Hay demasiadas ranas chifladas en esta casa! —exclamó Mamá

"¿Por qué diría eso?", pensó Hugo. Sus ranitas eran de lo más chulas y entretenidas. Ya no había tanto silencio en su habitación.

Al otro día, Charito 2 se hundió en un frasco de pintura y manchó la colcha del lecho de Hugo. Charito 3 se sacudió sobre su tarea y la mojó, haciéndola tiritas. Charito 4 y Charito 5 hicieron equilibrio en la lámpara del techo. Charito 6 estuvo croando toda la noche. Charito 7 y Charito 8 se colaron en la cocina y tumbaron los frascos de harina y de azúcar. ¡Qué desastre!

Hugo comenzó a entender lo que Mamá había dicho. No era fácil cuidar a tantas ranas. ¡A él le tocaba limpiar el reguero! Además, tenía que estar pendiente de que todas sus ranitas estuvieran bien. Era hora de hacer algo.

Al día siguiente, Hugo dejó a Charito 1 en la casa. Fue al charco de la laguna con Mamá y soltó a las demás ranitas. Una sola rana mascota era suficiente. Así podría atenderla bien.

Una rana de mascota

Antes de conseguir una rana, decide de qué tamaño la quieres. Algunas ranas llegan a ser muy grandes.

Luego decide dónde vivirá tu rana. Muchas personas ponen sus ranas mascotas en peceras de vidrio. Algunas ranas necesitan una pecera donde tengan mitad de agua y mitad de tierra firme.

Después averigua con qué debes alimentar a tu ranita. Cada tipo de rana come cosas distintas.

Por último, no olvides lavarte las manos cada vez que toques a tu rana. ¡Hay mucho que aprender sobre el cuidado de una rana mascota!